Impressum
Verlag: BABADADA GmbH, Nedderfeld 112 , 22529 Hamburg
Geschäftsführer / Verlagsleitung: Harald Hof
Druck: Books on Demand GmbH, In de Tarpen 42, 22848 Norderstedt

Imprint
Publisher: BABADADA GmbH, Nedderfeld 112 , 22529 Hamburg, Germany
Managing Director / Publishing direction: Harald Hof
Print: Books on Demand GmbH, In de Tarpen 42, 22848 Norderstedt

ښوونځی
學校

ټولګی
教室
تقسیم
除
186/2
د ښوونځي حویلی
بورډ
黑板
ښوونکی
老師
ورق
紙
لیکل
書寫
قلم
筆
ډیسک
辦公桌
خط کش
直尺
کتاب
書
زده کونکی
學生

کڅوړه
書包

د پنسل بکسه
鉛筆盒

پنسل
鉛筆

پنسل تراش
削鉛筆機

ربړ
橡皮擦

د رسامی پاڼه
畫板

رسامي

圖畫

د نقاشۍ برس

畫筆

د نقاشۍ بکس

顏料盒

قیچي

剪刀

سریښ

膠水

د تمرین کتاب

練習冊

کورنۍ دنده

家庭作業

شمیر

數字

جمع

加

منفي

減

ضرب

乘

حساب

計算

توری

字母

الفبا

字母表

hello

کلمه

字

متن

....

課文

لوستل

....

讀

تباشير

....

粉筆

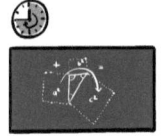

درس

....

上課

راجستر

....

登記

ازموينه

....

考試

تصديق پاڼه

....

證書

د ښوونځي يونيفارم

....

校服

تعليم

....

教育

دايره المعارف

....

百科全書

پوهنتون

....

大學

مايکروسکوپ

....

顯微鏡

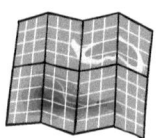

نقشه

....

地圖

اشغالدانی

....

廢紙簍

سفر

旅行

飯店
لیلیه
د اسعارو د تبادلي دفتر
外幣兌換處
بکس
手提箱
موټر
汽車

ژبه

語言

هو/نه

是/否

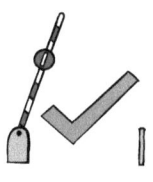

سمه ده

好的

سلام

您好

ژباړونکی

翻譯人員

مننه

謝謝

څومره دي...؟

......多少錢？

زه نه پوهیږم

我不明白

ستونزه

問題

ماښام مو پخیر!

晚上好！

سهار په خیر!

早上好！

شپه په خیر!

晚安！

په مخه مو ښه

再見

لارښود

方向

سامان

行李

بیگ

包

شاتنی بکس

背包

میلمه

客人

خونه

房間

د خوب کڅوړه

睡袋

خیمه

帳篷

د توریزم معلومات

旅行資訊

ساحل

海灘

کریډیټ کارت

信用卡

ناری

早餐

د غرمې خواړه

午餐

د شپې خواړه

晚餐

ټیکټ

票

لفټ

電梯

مهر

郵票

پوله

邊界

ګمرک

海關

سفارت

大使館

ویزه

簽證

پاسپورټ

護照

ټرانسپورټ
交通運送

الوتکه
飛機
بېړۍ
船
د اور ماشین
消防車
بس
公車
ټرک
卡車
موټرکښتۍ
汽艇
موټر
汽車
بایک
腳踏車

کښتۍ

渡輪

کښتۍ

小船

موټرسایکل

機車

د پولیسو موټر

警車

د ریس موټر

賽車

کرایي موټر

租車

د کرایه موټری

拼車

جرثقیل لرونکی ټرک

拖車

ریفیوز ټرک

垃圾車

موټر

馬達

سونګ توکي

汽油

پټرول سټېشن

加油站

ترافيکي نښه

交通標識

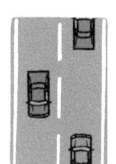

ترافیک

交通

جام ترافیک

交通堵塞

د موټرو تمځای

停車場

د ریل سټېشن

火車站

پاټکي

軌道

ریل

火車

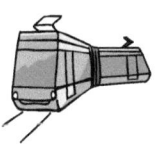

ټرام

路面電車

واګون

客車廂

چورلکه

直升機

هوايي ډګر

機場

برج

塔

مسافر

乘客

کانټېنر

集裝箱

کارتون

紙板箱

کارټ

手推車

ټوکرۍ

籃子

الوتنه کول/کښېناستل

起飛/降落

ښار
城市

کلی

村莊

د ښار مرکز

市中心

کور

房子

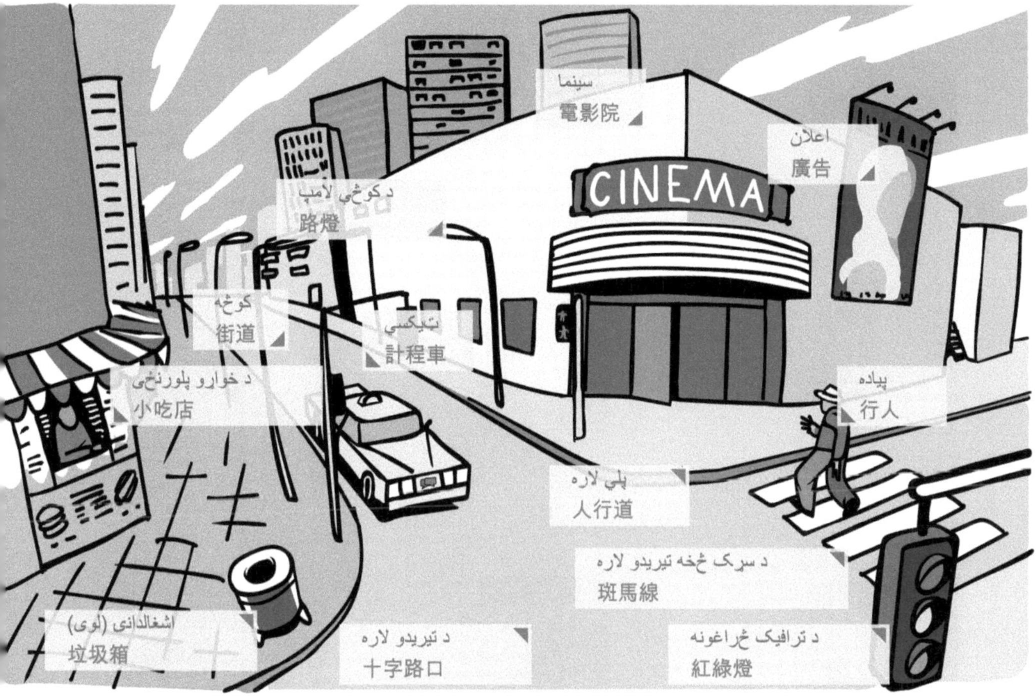

CINEMA
سینما
電影院
اعلان
廣告
د کوڅې لامپ
路燈
کوڅه
街道
ټیکسي
計程車
د خوارو پلورنځی
小吃店
پیاده
行人
پلې لاره
人行道
د سړک څخه تیریدو لاره
斑馬線
اشغالدانی (لوی)
垃圾箱
د تیریدو لاره
十字路口
د ترافیک څراغونه
紅綠燈

کوډله

小屋

اپارتمان

公寓

د ریل سټیشن

火車站

ټاون هال

市政廳

MUSEUM

میوزیم

博物館

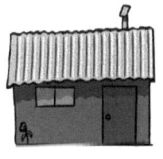

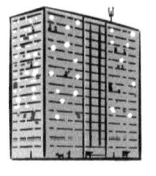

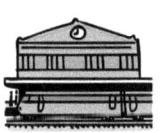

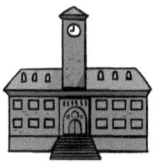

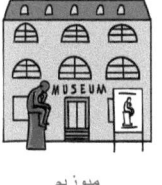

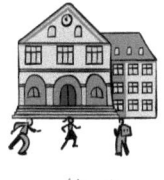

ښوونځی

學校

پوهنتون

大學

بانک

銀行

روغتون

醫院

هوټل

飯店

درملتون

藥房

دفتر

辦公室

کتاب پلورنځی

書店

پلورنځی

商店

د ګلانو پلورنځی

花店

لوی پلورنځی

超市

مارکیټ

市場

د ډیپارټمنټ سټور

百貨商店

کب پلورنځی

魚店

د پلور مرکز

購物中心

لنګرتون

海港

پارک

公園

بينچ

長凳

پل

橋

زينه

樓梯

د ځمکي لاندي

捷運

تونل

隧道

بس تمځای

公車站

بار

酒吧

ريسټورانټ

餐館

پوست بکس

郵筒

د کوڅي نښه

路標

د پارک کولو ميټر

停車計時器

ژوبڼ

動物園

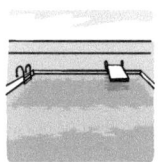

د لامبو حوض

游泳池

مسجد

清真寺

کرونده

農場

ناپاکي

污染

هدیره

墓地

چرچ

教堂

د لوبو ډګر

操場

معبد/کلیسا

寺廟

منظره

地形

پاڼه
樹葉
د لارښوونې نښه
指示牌
لاره
路
چمن
石頭
هیکر
徒步旅行者
ونه
樹
سیند
河
واښه
草
ګل
花

دره

峽谷

غوندی

丘陵

ناور

湖

ځنګل

森林

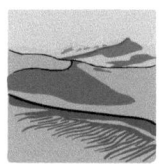

دشته

沙漠

اورشیندی

火山

کلا

城堡

رنګین کمان

彩虹

مرخيړي

蘑菇

پلم ونه

棕櫚樹

ماشي

蚊子

الوتل

蒼蠅

میږی

螞蟻

مچۍ

蜜蜂

غوندل/جولا

蜘蛛

ګونګټ

甲蟲

چونګښه

青蛙

نولی

松鼠

زیږکی

刺蝟

سوی

野兔

ګونګ

貓頭鷹

مرغی

鳥

قازه

天鵝

نرخوګ

野豬

هوسۍ

鹿

ګاوزه

麋鹿

بند

水壩

بادي توربين

風力發電機

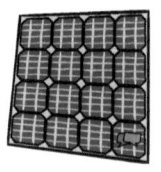

سولر تختي

太陽能電池板

اقليم

氣候

ریسټورانټ

餐館

پیشخدمت
服務生
مینو
菜譜
椅子
سوپ
湯
پیزا
披薩餅
بڼاخۍ، چاقو، کاشوغه

سټارټر

前菜

اصلي خواړه

主菜

شیرني

甜點

څښاک

飲料

خواړه

食物

بوتل

瓶子

فاسټ فوډ

速食

د کوڅې خواړه

街邊小吃

چای جوش

茶壺

قندانی

糖盒

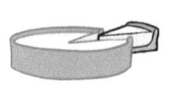

برخه

一份飯菜

اسپرسو مشین

義式咖啡機

لوړه چوکۍ

高腳椅

رسید

帳單

مجمه

托盤

چاکو

刀

پنجه

餐叉

قاشق

勺子

چای قاشق

茶匙

سورویت

餐巾

ګلاس

玻璃杯

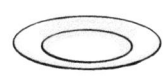

پلیټ

碟子

د سوپ پلیټ

湯盤

نالبکی

碟子

ساس

醬

مالګه شیندونکی

鹽瓶

د مرچ ټکولو لوخی

胡椒研磨罐

سرکه

醋

غوړي

食用油

مساله

調味料

کچ اپ

番茄醬

شرشم

芥末

چکه

美乃滋

لوی پلورنځی

超市

خانګړی ورانديز
特價
پيرودونکی
顧客
لبنيات
乳製品
購物車
ميوه
水果

قصابي

肉鋪

نانوايي

麵包店

وزن كول

稱重

سبزيجات

蔬菜

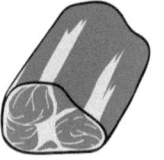

غوښه

肉

کنګل خواړه

冷凍食品

یخه غوښه

冷盤

کنسروا خواړه

罐頭食品

د مينځلو پوډر

洗衣粉

شيريني

甜食

کورني توليدات

日用品

د پاکولو محصولات

清潔用品

د پلور فرد

銷售員

د نغدي راجستر

收銀機

صراف

收銀員

د پيرود ليست

購物清單

کاري ساعتونه

開放時間

بټوه

錢包

کريډيټ کارت

信用卡

کڅوړه

袋子

پلاستيک کڅوړه

塑膠袋

څښاک
飲料

اوبه

水

جوس

果汁

شیده

牛奶

کوک

可樂

واین

紅酒

بیر

啤酒

الکول

酒

ککاو

可可

چای

茶

کافي

咖啡

اسپرسو

義式濃縮咖啡

کپچینو

卡布奇諾

خواږه

食物

کيله

香蕉

مڼه

蘋果

نارنج

柳丁

هندوانه

西瓜

ليمو

檸檬

گازره

胡蘿蔔

هوږه

大蒜

بانکس

竹子

پياز

洋蔥

مرخيړي

蘑菇

چغزی

堅果

آش

麵條

سپيګټي

義大利麵

وريجي

米飯

سلاد

沙拉

چپس

薯條

سره کړي کچالو

炸馬鈴薯

پيزا

披薩餅

همبرګر

漢堡

سانډویچ

三明治

کټره

炸豬排

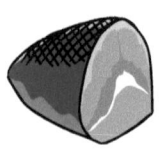

د پتون غوښه

火腿

سلمي

義大利臘腸

ساسج

香腸

چرګ

雞肉

روسټ

烤肉

کب

魚

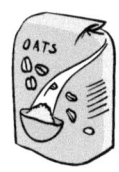

د وربشې شيرنې

燕麥片

موسلي

木斯里

د جوار پلی

玉米片

اوړه

麵粉

کروسانت

牛角麵包

د ډوډۍ رول

麵包捲

ډوډۍ

麵包

ټوسټ

吐司

بسکیټ

餅乾

کوچ

奶油

چکه

凝乳

کیک

蛋糕

هګۍ

蛋

پښې هګۍ

煎蛋

پنیر

起司

آیس کریم

冰淇淋

بوره

糖

شهد

蜂蜜

مربا

果醬

نوگات کریم

巧克力醬

کورکمان

咖哩

د کروندي خونه
農舍

غوجل
糧倉

د بوسو ګیډی
稻草捆

خمکه
田野

اس
馬

لاس ګاډی
拖車

تریکتر
拖拉機

کوچنی اس
馬駒

خر
驢

پسه
羊

وری
羔羊

وزه
山羊

غوا
奶牛

خوسکی
小牛

خوک
豬

د خوک بچی
小豬

غویی
公牛

بته

鵝

هيلی

鴨

چرګورى

小雞

چرګه

母雞

بانګي

公雞

سارای موږک

鼠

پيشک

貓

موږک

老鼠

غویی

牛

سپی

狗

د سپي خونه

狗屋

د باغ هوز

花園澆水軟管

د اوبو لوخی

澆水壺

لور (داس)

長柄大鐮刀

یوی

犁

لور

鐮刀

رمبی

鋤頭

ښاخی

長柄草耙

تبر

斧頭

کراچۍ

獨輪手推車

ناوه

飼料槽

د شیدو لوخی

牛奶罐

جوال

麻布袋

کټاره

柵欄

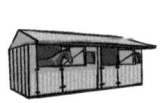

مضبوط

馬廄

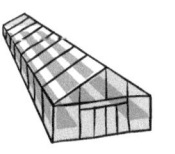

شنه خونه

溫室

خاوره

土壤

تخم

種子

سره/کود

肥料

کد ریبونکی ماشین

聯合收割機

زیرمه کول

收割

درمند

收割

خوارِه کچالو

地瓜

غنم

小麥

سویا

大豆

کچالو

土豆

جوار

玉米

نباتي تخم

油菜籽

د میوې ونه

果樹

مانیوک

樹薯

غله

穀物

کور

房子

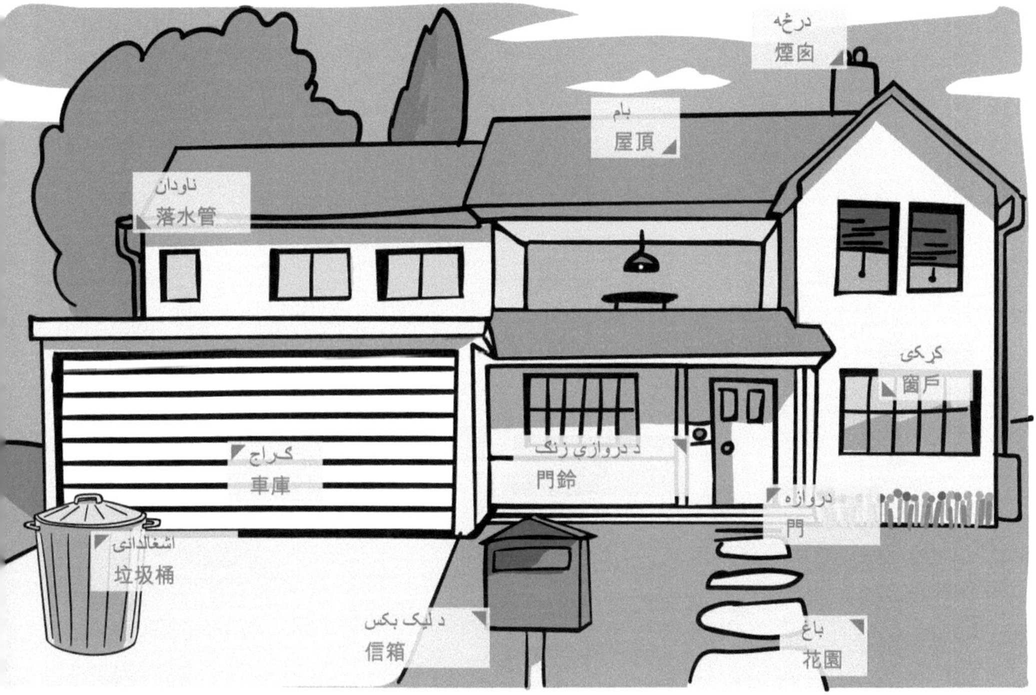

درځه
煙囪
بام
屋頂
ناودان
落水管
کړکۍ
窗戶
ګراج
車庫
د دروازې زنګ
門鈴
دروازه
門
اشغالدانۍ
垃圾桶
د لیک بکس
信箱
باغ
花園

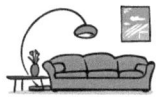

د اوسیدو خونه

客廳

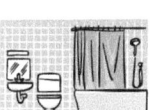

حمام

浴室

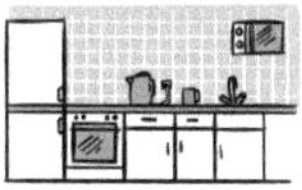

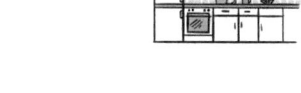

پخلنځی

廚房

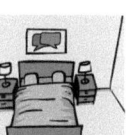

د ویده کېدو خونه

臥室

د ماشوم خونه

兒童房

د خوړو خونه

餐廳

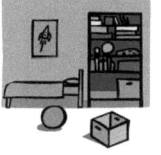

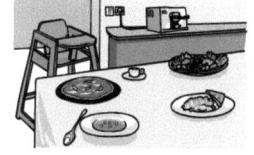

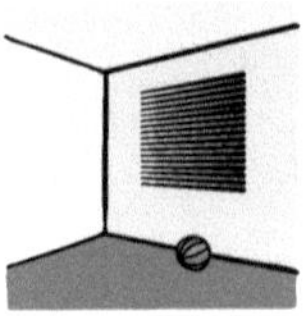

فرش

地板

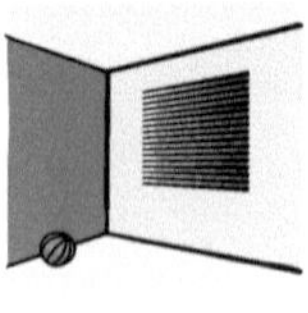

دیوال

牆壁

چت

天花板

زیرخانه

地窖

سونا

三溫暖

بالکوني

陽臺

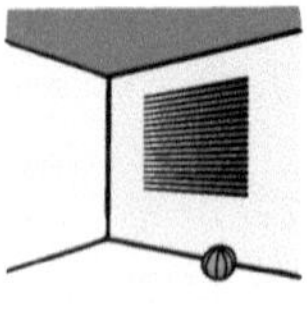

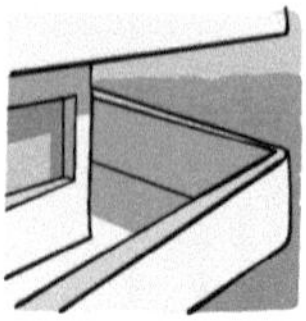

تراس

露臺

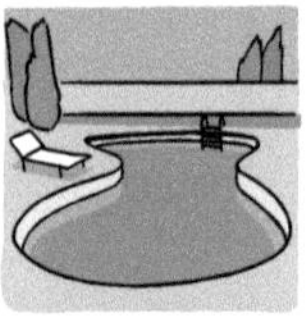

حوض

游泳池

د چمن وهلو ماشین

割草機

شیټ

被單

روجایی

床罩

تخت

床

جارو

掃帚

بوکه

水桶

سویچ

開關

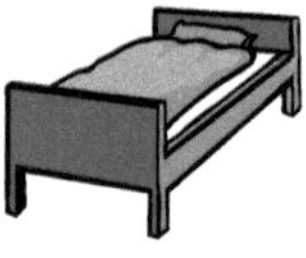

د اوسيدو خونه

客廳

والپيپر
壁紙
عکس
相片
لامپ
檯燈
شيلف
擱架
الماری
櫥櫃
تلویزیون
電視
نغری
壁爐
گل
花
بالښت
墊子
صوفه
沙發
گلدانی
花瓶
ريموټ کنټرول
遙控器

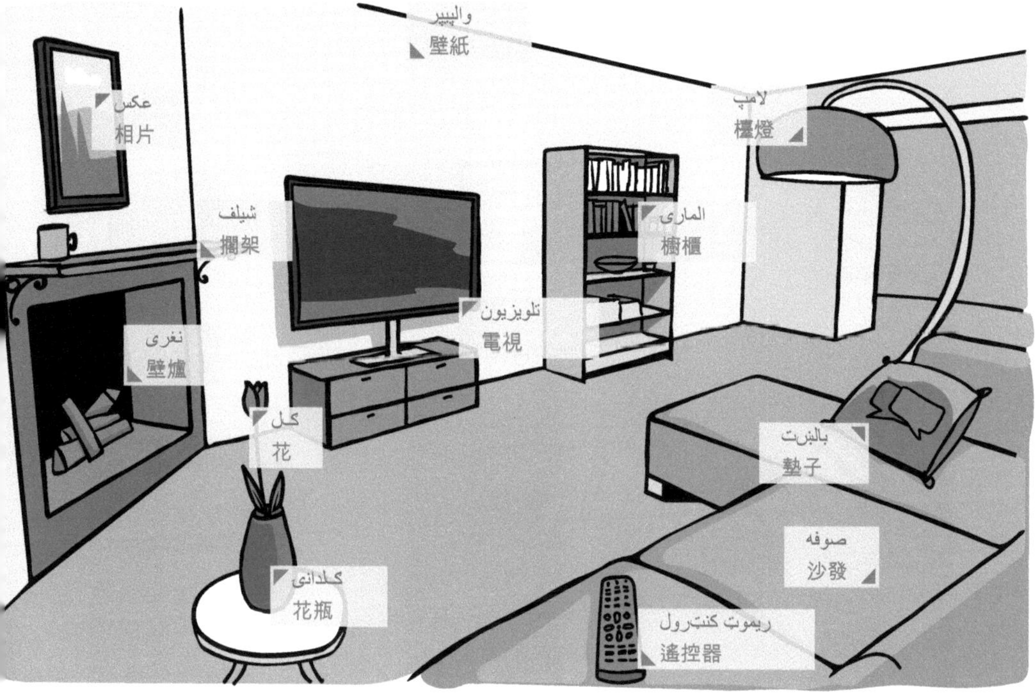

غالی
地毯

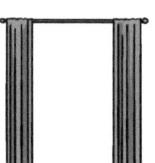

پرده
窗簾

ميز
餐桌

چوکی
椅子

تاويدونکي چوکی
搖椅

بازو لرونکی چوکی
扶手椅

کتاب
書

کمپل
毯子

ډیکوریشن
裝飾品

د اور لرګي
木柴

فلم
電影

هایفای
高傳真音響

کلي
鑰匙

ورځپاڼه
報紙

نقاشي
油畫

پوسټر
海報

راډیو
收音機

کتابچه
筆記本

واکیوم جارو
吸塵器

کاکتوس
仙人掌

شمع
蠟燭

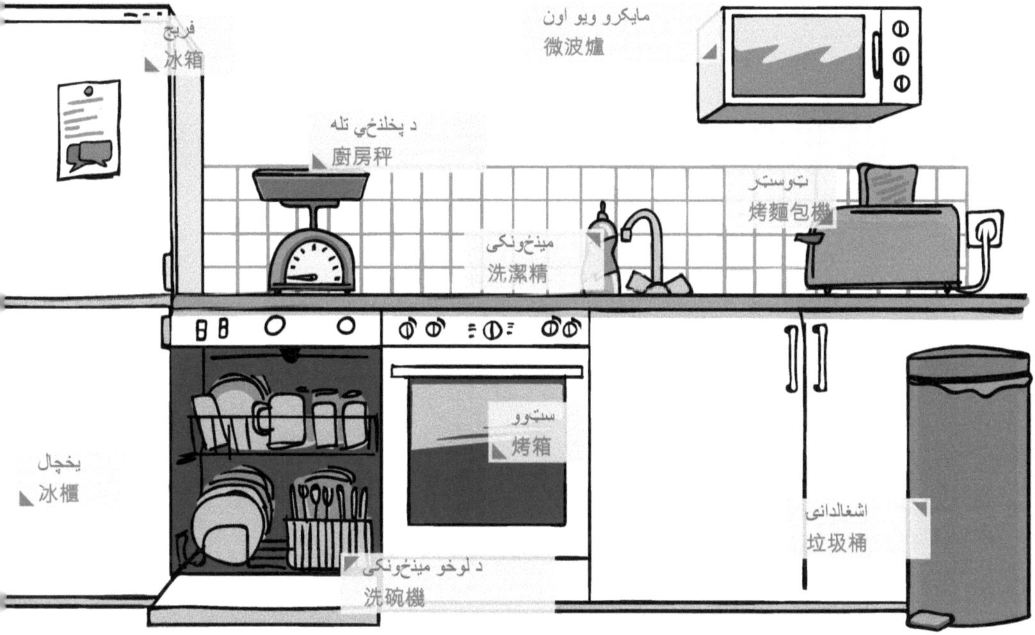

فریج
冰箱

مایکرو ویو اون
微波爐

د پخلنځي تله
廚房秤

توسټر
烤麵包機

مینځونکی
洗潔精

سټوو
烤箱

یخچال
冰櫃

اشغالدانی
垃圾桶

د لوخو مینځونکی
洗碗機

ديگ بخار
炊具

لوخی
鍋

چدني لوخی
鑄鐵鍋

ووک
炒鍋

د تلی په
平底鍋

چای جوش
水壺

د بخار دیگ

蒸鍋

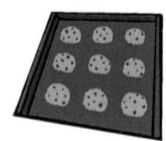

پتنوس

烤盤

لوخي

陶瓷鍋

مگ

馬克杯

کاسه

碗

د رانیولو اوزار

筷子

ځمڅۍ

長柄勺

کفګیر

鏟子

پاکونکی

攪拌器

صافي

濾網

غلبیل

篩子

ګریټر

磨碎機

اونګ

研缽

بار بي کیو

燒烤

خلاص اور

明火

تخته

菜板

هوارونکی

擀麵杖

کارک سکریو

開瓶器

ټيم

罐子

د ټيم خلاصونکی

開罐器

د لوخي ټوټه

隔熱手套

ظرف شوی

水槽

برس

刷子

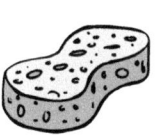

سپنج

海綿

بلينډر

攪拌機

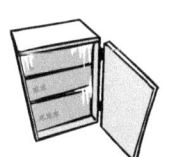

ژور يخچال

冷藏箱

د ماشوم بوتل

奶瓶

نل

水龍頭

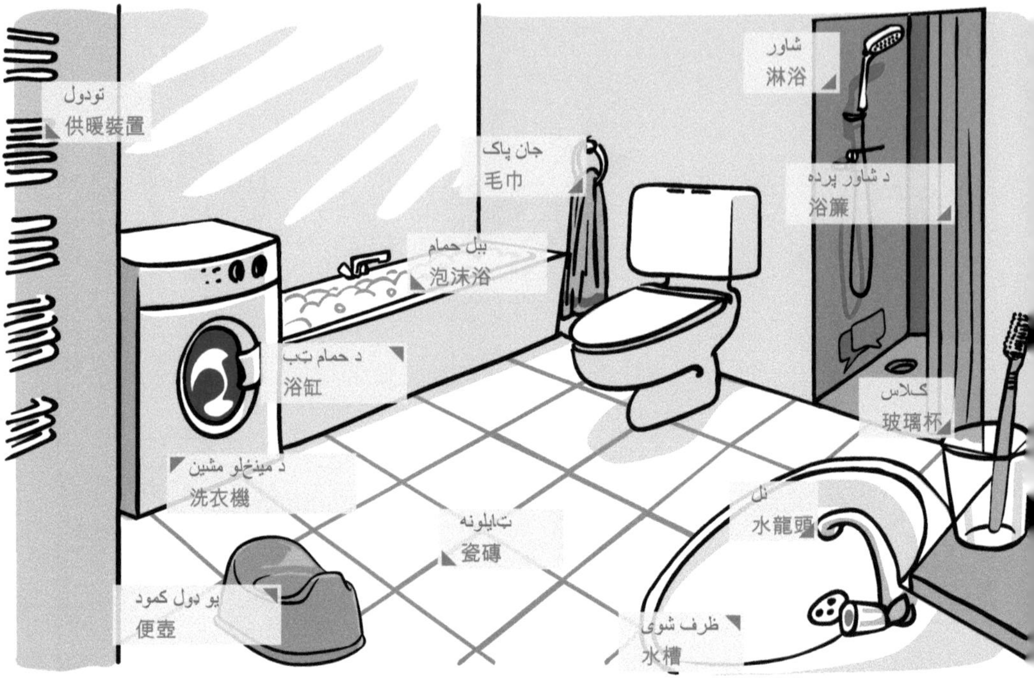

حمام

浴室

تودول
供暖裝置
جان پاک
毛巾
شاور
د شاور پرده
浴簾
ببل حمام
泡沫浴
د حمام ټب
浴缸
玻璃杯
د مينځلو مشين
洗衣機
ټايلونه
瓷磚
نل
水龍頭
يو ډول كمود
便壺
ظرف شوی
水槽

تشناب

廁所

فرشي كمود

蹲便器

كمود

坐浴器

د متيازو ځای

小便斗

تشناب کاغذ

廁紙

د تشناب برس

馬桶刷

د غاښونو برس

牙刷

د غاښونو کریم

牙膏

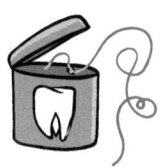

د غاښونو نخ

牙線

مینځل

洗

لاسي شاور

手持式蓮蓬頭

دوش

沖洗器

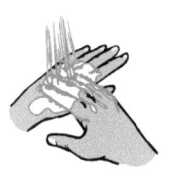

خانک

洗臉盆

د شا برس

洗背刷

صابون

肥皂

د شاور ژل

沐浴露

شامپو

洗髮乳

فلانل جامه

法蘭絨

وچول

排水

کریم

乳霜

سپری

除臭劑

آینه

鏡子

لاسي آینه

手鏡

ریزر

刮鬍刀

د خریلو فوم

刮鬍泡沫

د خریلو وروسته

鬍後水

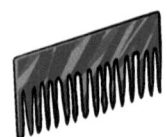

ګمنځ

梳子

برس

刷子

د ویښتانو وچونکی

吹風機

د ویښتانو سپری

噴髮定型劑

میک اپ

化妝品

لیپ سټیک

唇膏

د نوکانو پالش

指甲油

کاټن وری

化妝棉

ناخن ګیر

指甲剪

عطر

香水

د مینځلو کڅوړه

洗漱包

سټول

凳子

د وزن کولو تله

計重秤

د حمام پوښاک

浴袍

د ربړ دستکش

橡膠手套

ټامپون

衛生棉條

صحیی جان پاک

衛生棉

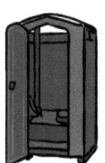

کیمیکل تشناب

化學廁所

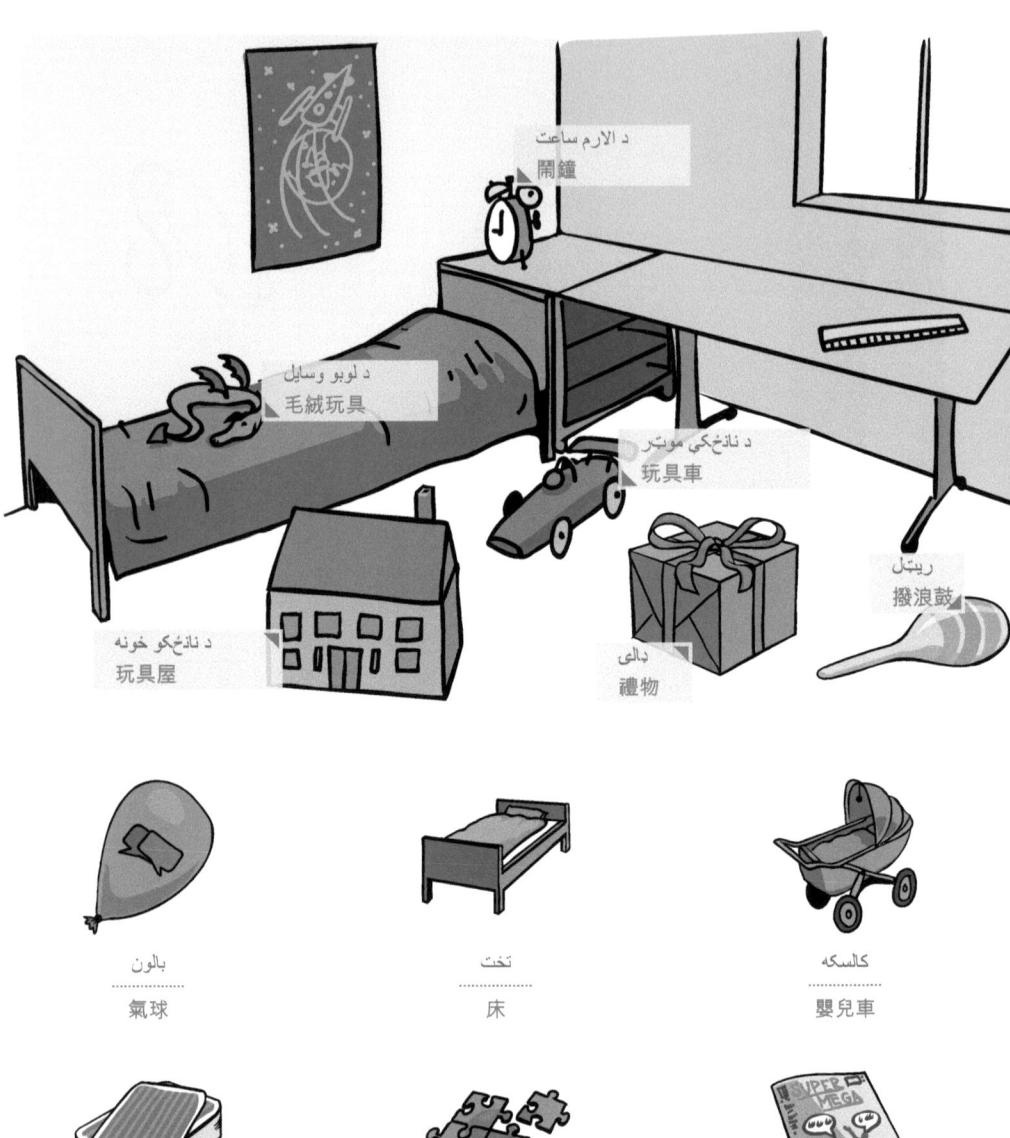

د ماشوم خونه

兒童房

د الارم ساعت
鬧鐘
د لوبو وسایل
毛絨玩具
د نانځکي موټر
玩具車

بالون

氣球

تخت

床

کالسکه

嬰兒車

د لوبو ورقې

撲克牌

جیګسا

拼圖

مسخره

漫畫

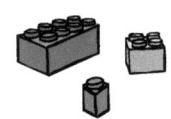

ليګو بريک

樂高積木

د نانځکو بلاک

積木玩具

د اکشن فيګور

公仔

د ماشوم پوښاک

嬰兒服

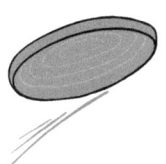

فريزبي

飛盤

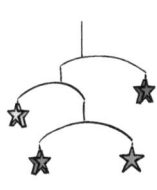

موبايل

床鈴玩具

بورډ لوبه

棋盤遊戲

تاس

骰子

ماډل ريل سيټ

火車模型

ګونګشی

安撫奶嘴

پارټي

派對

د عکسونو البوم

繪本

بال

球

نانځکه

洋娃娃

لوبيدل

玩

د شګو کنده

沙坑

سوینګ

鞦韆

نانځکي

玩具

د ویډیو لوبو کنسول

電玩遊戲

ټرای سایکل

三輪車

ګوډکه

泰迪熊

د کالو الماری

衣櫃

پوښاک

衣服

جرابې

襪子

لوړې جرابې

長襪

ټایټس

緊身褲

زروکی
圍巾
雨傘
T恤
کمربند
皮帶
سنیکر
運動鞋
靴子
سلیپر
拖鞋

سینډل

涼鞋

بوټان

鞋

د ربړ بوټان

雨靴

زیرنیکري

內褲

سینه بند

胸罩

واسکټ

背心

بادي

身體

پتلون

褲子

جينز

牛仔褲

لمن

短裙

بلاوز

女式襯衫

شرټ

襯衫

بنيان

套頭衫

سویټر

連帽上衣

بليزر

西裝夾克

جاکټ

夾克

کوټ

外套

د باران کوټ

雨衣

پوښاک

套裝

کالي

連衣裙

د واده پوښاک

婚紗

دریشي

西裝

د شپې پوښاک

睡袍

پاجامه

睡衣

ساړي

莎麗

لوپټه

頭巾

پټکی

包頭巾

برقه

波卡

کفتن

卡夫坦

عبا

(阿拉伯式)長袍

د لامبو پوښاک

泳衣

نیکر

男式泳褲

شارټ

短褲

د ځغاستې پوښاک

運動服

پیش بند

圍裙

دستکش

手套

بټن

鈕扣

عینک

眼鏡

لاس بند

手鏈

غاړه کی

項鍊

ګوتمه

戒指

غوږوالی

耳環

خولۍ

便帽

کوټ بند

衣架

خولۍ

帽子

ټایی

領帶

ځنځیر

拉鍊

هیلمیټ

安全帽

ترونکی

背帶

د ښوونځي یونیفارم

校服

یونیفارم

制服

بیب

圍兜

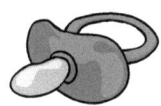

ګونګشی

安撫奶嘴

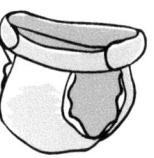

نیپي

尿布

دفتر

辦公室

سرور
伺服器
د دوسیه الماری
檔案櫃
ورق
紙
پرینټر
印表機
مانیټور
螢幕
ماوس
滑鼠
資料夾
کي بورډ
鍵盤
چوکی
椅子
اشغالدانی
廢紙簍
کمپیوټر
電腦

د کافي پیاله

咖啡杯

کالکولیټر

計算機

انټرنیټ

網際網路

لپ ټاپ

筆記型電腦

لیک

信件

پیغام

簡訊

موبایل

行動電話

نیټورک

網路

فوټوکاپیر

影印機

سافټویر

軟體

تلیفون

電話

پلک ساکټ

插座

فکس مشین

傳真機

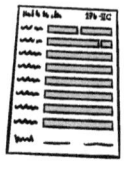

فارم

表格

سند

檔案

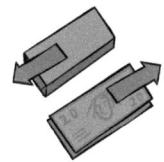

اقتصاد
經濟

پیرل

買

تادیه کول

付錢

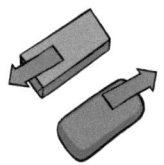

سوداګري کول

交易

پیسي

現金

دالر

美元

یورو

歐元

ین

日元

ربل

盧布

سویسي فرانک

瑞士法郎

رینمینبي یوان

人民幣

روپی

盧比

د نغدي پیسو ځای

提款處

د اسعارو د تبادلی دفتر

外幣兌換處

سره زر

金

سپین زر

銀

تیل

石油

انرژي

能源

نرخ

價格

قرارداد

合約

مالیه

稅金

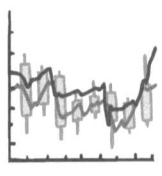

اسهام

股票

کار کول

工作

کارمند

職員

کار ګومارونکی

老闆

فابریکه

工廠

پلورنځی

商店

مسلکونه
職業

د پولیسو افسر
警官
د اطفایه غړی
消防員
آشپز
廚師
ډاکټر
醫師
پیلوټ
飛行員

باغوان

園丁

نجار

木匠

خیاط

裁縫

قاضي

法官

کیمیا پوه

化學家

د فلم لوبغاړی

演員

د بس ډرایور

公車司機

د ټیکسي ډرایور

計程車司機

کب نیونکی

漁夫

خدمه

清洗女工

بام جوړونکی

屋頂工

پیشخدمت

服務生

ښکاري

獵人

نقاش

畫家

نانوا

麵包師

د برېښنا کارکونکی

電工

تعمیر جوړونکی

建築工人

انجنیر

工程師

قصاب

屠夫

نلدوان

水管工

پوست رسونکی

郵差

سرتيرى

士兵

مهندس

建築師

صراف

收銀員

ماليار

花農

نايى

理髮師

کليندر

售票員

ميکانيک

機械技師

کپتان

船長

د غاښونو ډاکټر

牙醫

ساينس پوه

科學家

ښاغلی

拉比

امام

伊瑪目

مذهبي نفر

和尚

پادري

牧師

لوازم
工具

鐵錘
پلاس
鉗子
پیچکش
螺絲起子
手電筒
رینچ
扳手

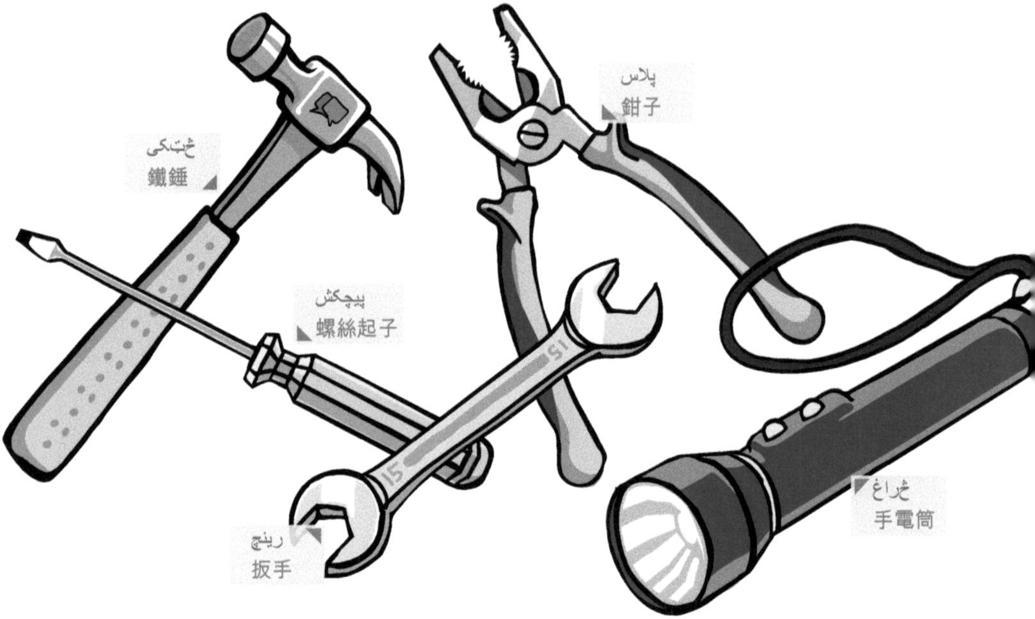

کنستونکی

挖掘機

د لوازمو بکس

工具箱

زینه

梯子

اره

鋸子

میخونه

釘子

برمه

鑽機

ترمیم کول

修

بیل

鏟子

لعنت!

糟糕！

خاک انداز

畚箕

مشواڼی

油漆桶

پیچونه

螺絲

د میوزیک آلات

樂器

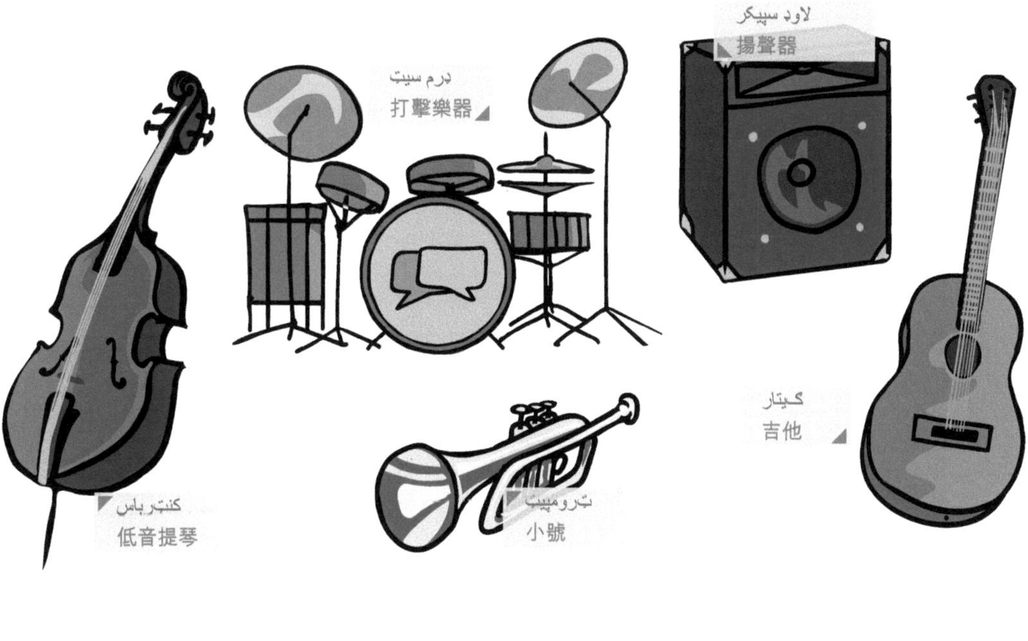

لاوډ سپیکر
揚聲器
ډرم سیټ
打擊樂器
کنټرباس
低音提琴
ټرومپیټ
小號
ګیتار
吉他

پیانو

鋼琴

وایلن

小提琴

باس

貝斯

نغاره

定音鼓

ډرمونه

鼓

کي بورډ

電子琴

سیکسافون

薩克斯風

شپیلی

長笛

مایکروفون

麥克風

ژوبڼ

動物園

老虎
پنجره
籠子
ګوره خر
斑馬
د ژویو خواړه
ننوتو لاره
入口

ژوی

動物

هاتي

大象

کنګرو

袋鼠

د اوبو اسپ

犀牛

ګوریلا

大猩猩

ایږه

熊

اوبش

駱駝

شترمرغ

駝鳥

زمری

獅子

بیزو

猴子

غزی

紅鶴

طوطي

鸚鵡

قطبي ایږه

北極熊

پینګوین

企鵝

شارک

鯊魚

طاوس

孔雀

مار

蛇

تمساح

鱷魚

ژوبڼ ساتونکی

動物園管理員

سیل

海豹

جګوار

美洲豹

يابو

矮種馬

پړانګ

豹

هيپو

河馬

زرافه

長頸鹿

باز

老鷹

نرخوګ

野豬

کب

魚

شمشتی

龜

سمندري نولی

海象

ګيدړه

狐狸

هوسی

羚羊

ورزش

體育

امریکایی فټبال
橄欖球
سایکل ځغلول
騎腳踏車
網球
باسکیټبال
籃球
لامبو
游泳
باکسینګ
拳擊
د کنګل هاکي
冰球

فټبال

美式足球

کسیزه

羽毛球

د ځغاستي لوبي

田徑

د هندبال

手球

سکي

滑雪

پولو

馬球

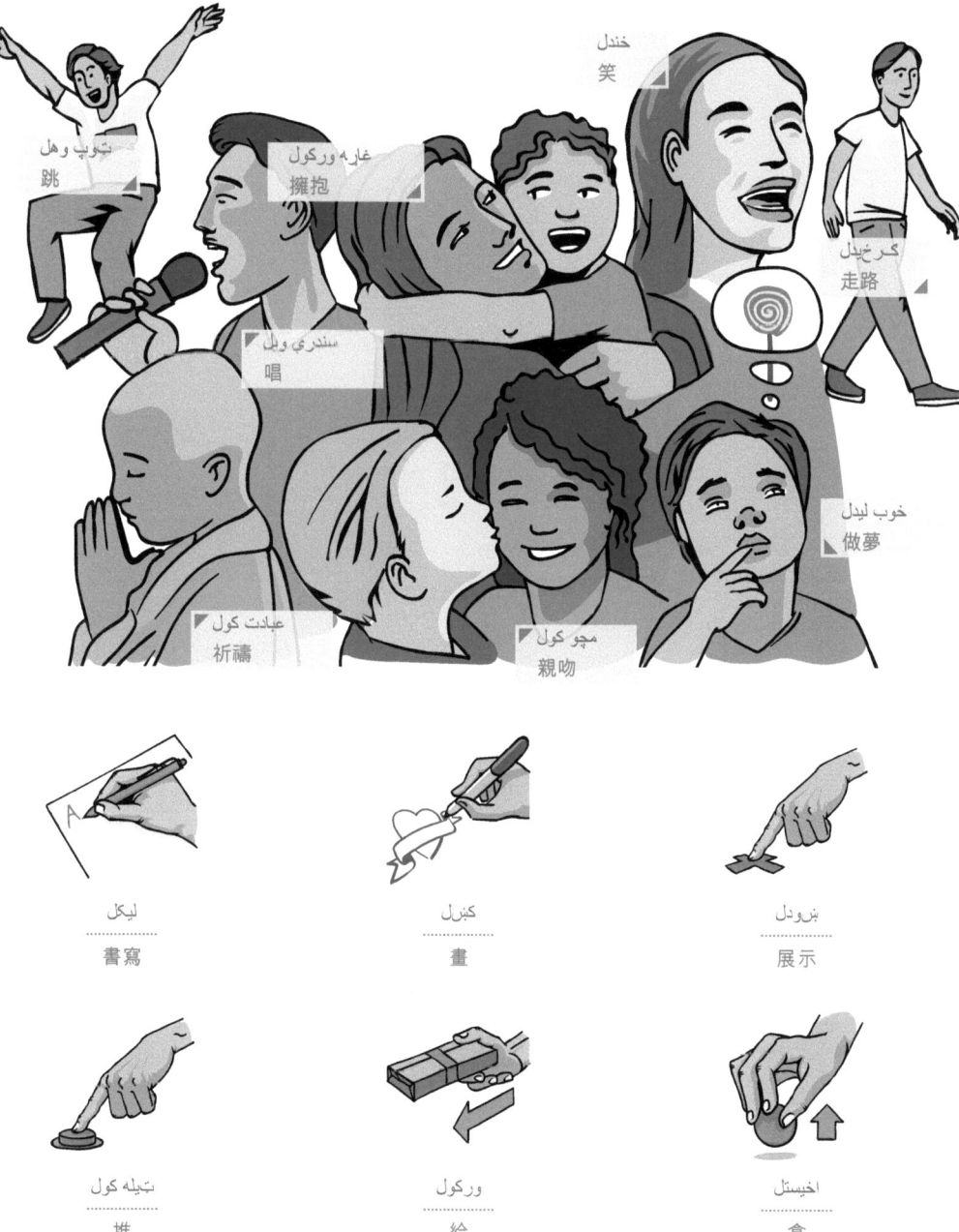

فعاليتونه

活動

ټوپ وهل
跳
غاړه ورکول
擁抱
خندل
笑
走路
سندري ويل
唱
خوب ليدل
做夢
عبادت کول
祈禱
親吻

ليکل

書寫

کښل

畫

ښودل

展示

ټيله کول

推

ورکول

給

اخيستل

拿

درلودل

有

کول

做

پاییدل

當

ودریدل

站

منډي وهل

跑

راکښل

拉

ګوزارل

丟

لویدل

摔倒

څملاستل

躺

انتظار کول

等待

ورل

攜帶

کښیناستل

坐

پوښاک اغوستل

穿衣

ویده کیدل

睡覺

پاڅیدل

醒來

کتل

看

ژړل

哭

برید کول

擊

ګمنځ کول

梳頭

خبرې کول

交談

پوهیدل

明白

غوښتل

問

اوریدل

聽

څښل

喝

خوړل

吃

پاکول

清理

مینه کول

愛

پخلی کول

做飯

موټر چلول

開車

الوتل

飛

بېړۍ چلول

航行

حساب

計算

لوستل

讀

زده کول

學習

کار کول

工作

واده کول

結婚

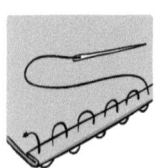

ګنډل

縫

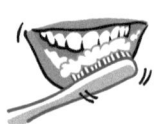

د غاښونو برس کول

刷牙

وژل

殺

سګرټ څښل

抽菸

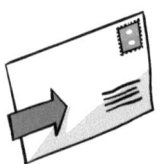

لیږل

寄

نیا
祖母
نیکه
祖父
پلار
父親
مور
母親
ماشوم
嬰兒
لور
女兒
زوی
兒子

میلمه

客人

ترور

阿姨

کاکا/ماما

叔叔

ورور

兄弟

خور

姐妹

بدن

身體

تندی
前額
眼睛
اوږه
肩膀
ګوته
手指
臉
زنه
下巴
لاس
手
پښه
腿
سینه
乳房
مټ
手臂

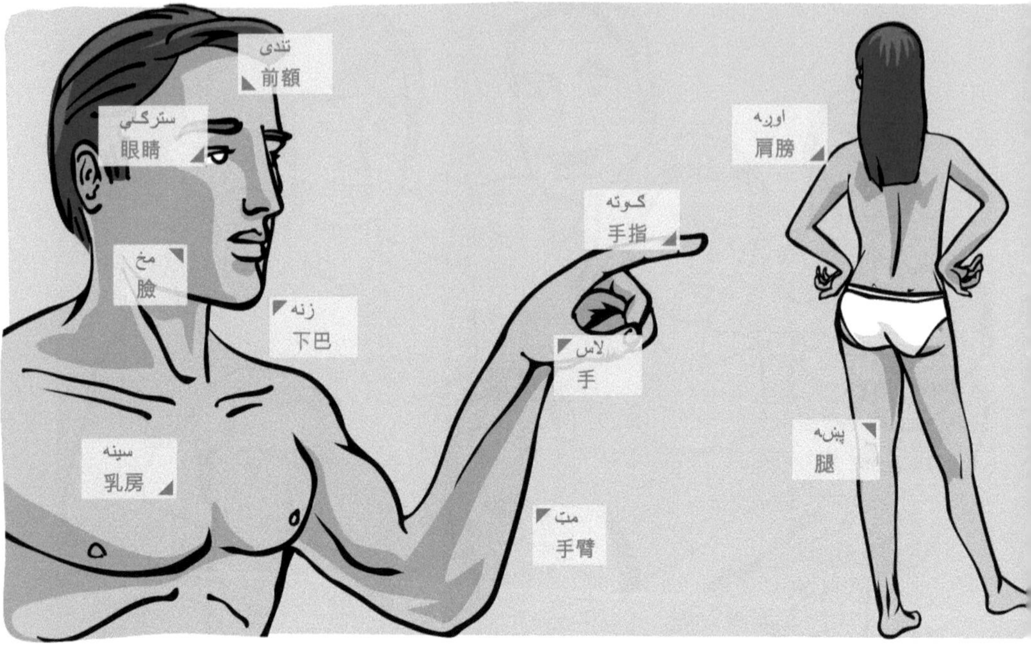

ماشوم

嬰兒

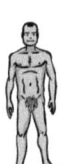

سړی

男人

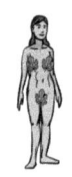

ښځه

女人

انجلۍ

女孩

هلک

男孩

سر

頭

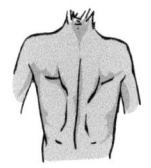

شا

背部

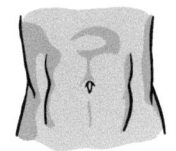

خېټه

肚子

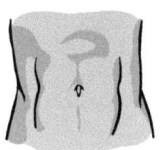

نوم

肚臍

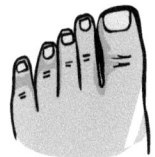

د پښې ګوته

腳趾

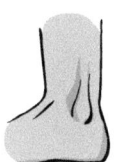

پونده

腳後跟

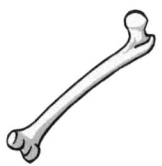

هډوکی

骨頭

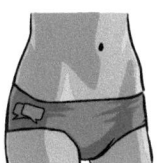

کوناټې

臀部

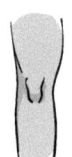

زنګون

膝蓋

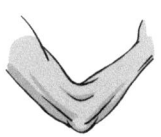

څنګل

手肘

پوزه

鼻子

لاندې برخه

屁股

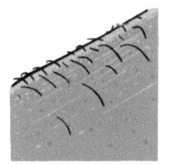

پوټکی

皮膚

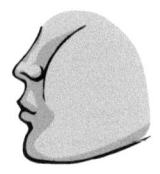

غومبوری

臉頰

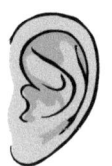

غوږ

耳朵

شونډه

嘴唇

خوله

嘴

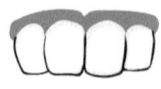

غاښ

牙齒

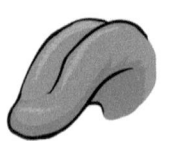

ژبه

舌頭

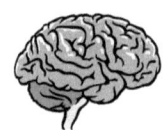

مغز

腦

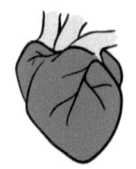

زړه

心臟

عضله

肌肉

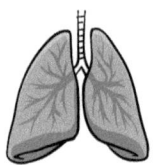

سږی

肺

ځيګر

肝臟

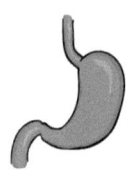

معده

胃

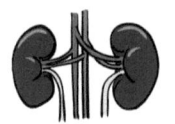

پښتورګي

腎臟

جنسي نږدې والی

性交

کانډوم

保險套

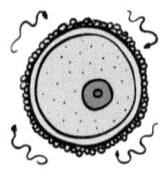

تخمه

卵子

مني

精子

حمل

懷孕

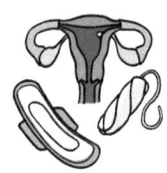

حیض

月事

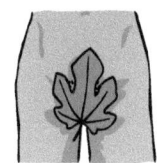

مهبل

陰道

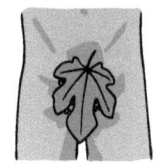

د نارینه تناسلي آله

陰莖

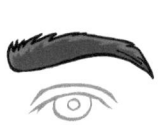

وروځې

眉毛

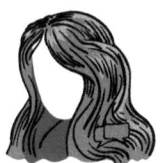

ویښته

頭髮

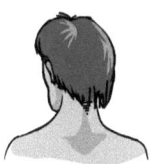

غاړه

脖子

روغتون
醫院

امبولانس
急救車
ويل چير
輪椅
کسر
骨折

داکټر

醫師

عاجل خونه

急診室

رنځورپال

護理師

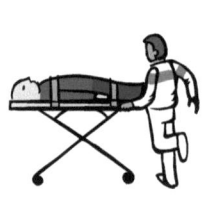

عاجل

緊急情形

بي هوش

昏迷

درد

痛

ټپ

受傷

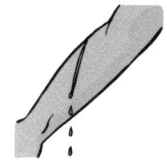

وینه تویدل

出血

د زړه حمله

心臟病發作

ضرب

中風

حساسیت

過敏

ټوخی

咳嗽

تبه

發燒

انفلوینزا

流感

نس ناستی

腹瀉

سر درد

頭痛

سرطان

癌症

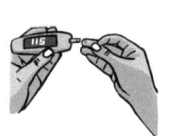

شکر

糖尿病

جراح

外科醫師

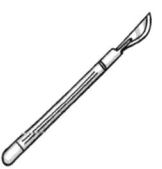

سکالپل

手術刀

عملیات

手術

سيټي

電腦斷層掃描

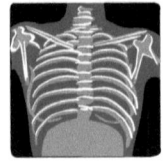

ايکس رې

X光

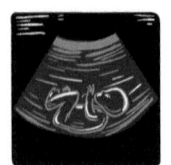

الټراساوند

超音波

د مخ ماسک

口罩

ناروغي

疾病

انتظار خونه

候診室

امسآ

拐杖

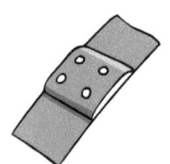

پلستر

石膏

بنداژ

繃帶

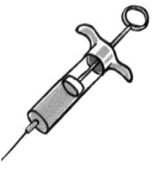

تزريق

注射

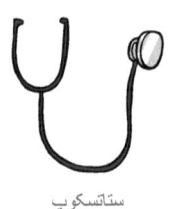

ستاتسکوپ

聽診器

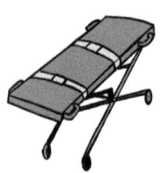

تسکيره

擔架

کلينکي ترماميټر

體溫計

زيږون

出生

زيات وزن

超重

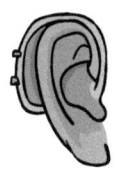

د اوریدو مرسته

助聽器

د عفونیت ځخه پاکونکي مواد

消毒液

عفونیت

感染

ویروس

病毒

ایچ.آی.وی/ایډز

愛滋病

درمل

藥物

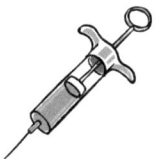

واکسین

接種疫苗

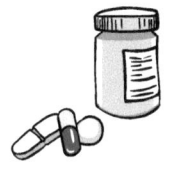

ټابلیټس

藥片

ګولۍ

藥丸

عاجل تلیفون

急救電話

د ویني د فشار څارونکی

血壓計

ناروغ/روغ

生病/健康

عاجل

緊急情形

مرسته!

救命！

الارم

警報

یرغل

突擊

برید

攻擊

خطر

危險

عاجل لاره

緊急出口

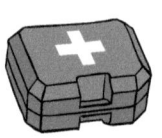

اور!

失火了！

د اور وژونکی

滅火器

پېښه

意外

د لومړی مرستې لوازم

急救箱

ایس.او.ایس

呼救訊號

پولیس

員警

اروپا

歐洲

شمالي امريکا

北美洲

سهیلي امريکا

南美洲

افريقا

非洲

آسيا

亞洲

آسټرېليا

澳洲

اتلانتیک

大西洋

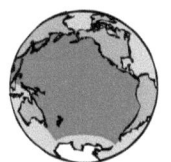

پاسیفیک

太平洋

د هند بحر

印度洋

جنوبي منجمد بحر

南冰洋

د شمال قطب بحر

北冰洋

شمالي قطب

北極

سهيلي قطب

南極

انټارکټيکا

南極洲

ځمکه

地球

ځمکه

陸地

بحر

海

ټاپو

島

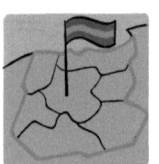

ملت

國家

دولت

州

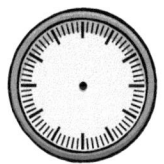

ساعت

鐘錶

د مخي ساعت

錶盤

د ساعت ستنه

時針

د دقیقي ستنه

分針

د ثانیی ستنه

秒針

څه وخت دی؟

現在幾點？

ورځ

天

وخت

時間

اوس

現在

ډیجیټل ساعت

電子錶

دقیقه

分

ساعت

時

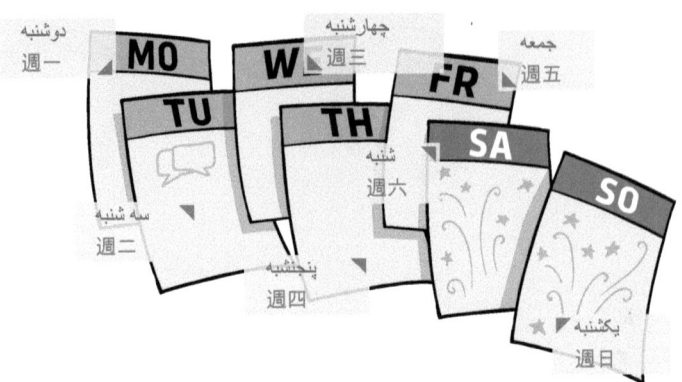

اونۍ
週

پرون

昨天

نن

今天

سبا

明天

سهار

早晨

غرمه

中午

ماښام

晚上

کاري ورځې

工作日

د اونۍ پای

週末

باران
雨

رنگـين كمان
彩虹

واوره
雪

باد
風

پسرلى
春

مني
秋

اورى
夏

ژمى
冬

د موسم وړاندوينه

天氣預告

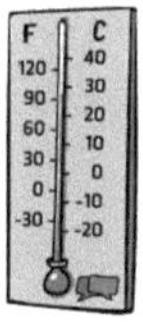

ترموميټر

溫度計

د لمر وړانگـي

陽光

وريځ

雲

لړه

霧

رطوبت

潮濕

رڼا

閃電

تندر

打雷

توفان

風暴

ږلی وریدل

冰雹

مون سون باران

季風

سیلاب

洪水

یخ

冰

جنوري

一月

فبروري

二月

مارچ

三月

اپریل

四月

می

五月

جون

六月

جولای

七月

اګست

八月

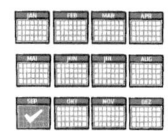

سپتمبر

九月

اکتوبر

十月

نومبر

十一月

دسمبر

十二月

شکلونه

形狀

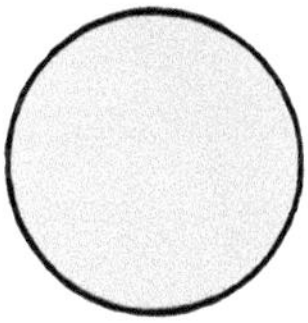

دايره

圓形

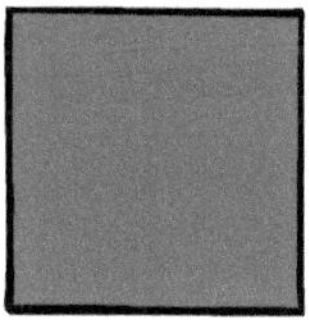

مربع

正方形

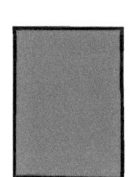

مستطيل

長方形

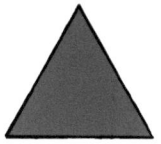

مثلث

三角形

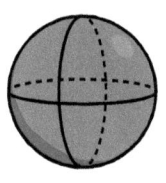

توپ

球體

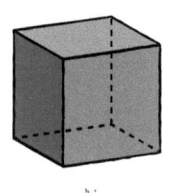

فال

立方體

رنګونه

顏色

سپین

白

ژیړ

黃

نارنجي

橙

ګلابي

粉

سور

紅

ارغواني

紫

نیلي

藍

شین

綠

نسواري

棕

خړ

灰

تور

黑

متضاد
反義詞

خورا ډیر/خورا لږ

很多/少許

قار/ارام

生氣/平靜

ښکلی/بدشکله

美/醜

پیل/پای

首/尾

لوی/کوچنی

大/小

روښانه/تیاره

明/暗

ورور/خور

兄弟/姐妹

پاک/ککړ

乾淨/骯髒

مکمل/نامکمل

完整/缺失

ورځ/شپه

白天/晚上

مړ/ژوندی

死/生

پراخه/نری

寬/窄

د خوراک وړ/نه خوړل کيدونکی

可食用/非食用

بد/مهربان

邪惡/善良

پاريدلی/بي خونده

興奮/無聊

چاق/وچ

胖/瘦

لومړی/وروستی

第一/最後

ملګری/دښمن

朋友/敵人

ډک/تش

滿/空

سخت/نرم

硬/軟

دروند/سپک

重/輕

لوږه/تنده

餓/渴

ناروغ/روغ

生病/健康

غيرقانوني/قانوني

非法/合法

هوښيار/ساده

聰明/愚笨

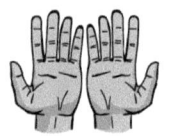

کيڼ/ښي

左/右

نږدې/لرې

近/遠

نوی/زوړ

新/舊

هیڅ/یو څه

沒有/有些

بډا/ځوان

老/幼

چالان/بند

開/關

خلاص/تړلی

打開/闔上

غلی/لوړ غږ

安靜/吵鬧

بډایه/غریب

富/窮

صحیح/غلط

對/錯

زیږ/ملایم

粗糙/光滑

خفه/خوښ

傷心/高興

لنډ/اوږد

短/長

سست/ګړندی

慢/快

لوند/وچ

濕/乾

ګرم/یخ

溫暖/涼爽

جګړه/سوله

戰爭/和平

شميري

數字

0

صفر

零

1

يو

一

2

دوه

二

3

درې

三

4

څلور

四

5

پنځه

五

6

شپږ

六

7

اوه

七

8

اته

八

9

نهه

九

10

لس

十

11

يولس

十一

12

دولس

十二

13

ديارلس

十三

14

څوارلس

十四

15

پذخلس

十五

16

شپاړس

十六

17

وولس

十七

18

اتلس

十八

19

نولس

十九

20

شل

二十

100

سل

百

1.000

زر

千

1.000.000

ميليون

百萬

ژبې
語言

انګلسي

英語

امریکایی انګلسي

美式英語

چینایی مندرین

普通話

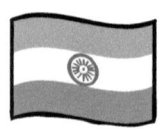

هندي

印地語

هسپانوي

西班牙語

فرانسوي

法語

عربي

阿拉伯語

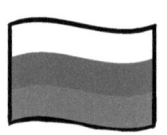

روسي

俄語

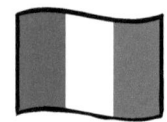

پرتګالي

葡萄牙語

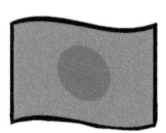

بنګالي

孟加拉語

آلماني

德語

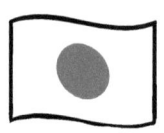

جاپاني

日語

څوک/څه/څنګه
誰/什麼/如何

زه

我

ته

你

هغه/دغه/دا

他/她/它

موږ

我們

تاسي

你們

دوی/هغوی

他們

څوک؟

誰？

څه؟

什麼？

څنګه؟

如何？

چیرې؟

何處？

کله؟

何時？

نوم

名字

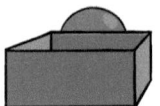

چیرې

方位

شاته

後面

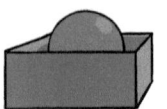

په

裡面

په مخه کې

前面

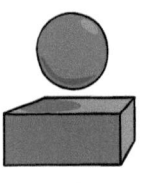

باندې

上方

په

上面

لاندې

下麵

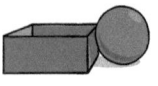

برسیره پر

旁邊

ترمینځ

中間

ځای

地點